gutes leben
bene!

Margot & Lea Käßmann

# Du gibst immer auf mich acht

## Mit Kindern beten

Mit Illustrationen von Melanie Brockamp

# Inhalt

Mit Kindern beten 7
Morgengebete 9
Abendgebete 15
Bitten 23
Dankgebete 27
Wenn es Streit gab ... 31
Ängste und Sorgen 35
Zweifel 47
Krankheit 51
Trauer 55
Aufregung 59
Gebet um Frieden 63
Tischgebete 68
Traditionelle Gebete 71

# Mit Kindern beten

Wie gut tut es, beten zu können. Wenn du Angst hast oder überglücklich bist – Gott ist ein Adressat für deine Gedanken und Gefühle, er ist für dich da, sie hört dir zu.

Wenn Kinder sich einüben können ins Beten, begleitet sie das oft ein Leben lang. Denn Beten erzeugt eine Haltung: Ich bin nicht für alles allein verantwortlich, es gibt Gott, an den oder die ich mich wenden kann. Das kann das Leben entscheidend prägen.

Im vorliegenden Band haben wir Gebete zusammengestellt, die Eltern mit ihren Kindern beten können. Einige reimen sich, weil sich die Texte so gut einprägen und ich mich dann daran erinnere, wenn mir selbst die Worte fehlen. Andere sind frei formuliert und können anregen, eigene Worte zu finden für eine bestimmte Situation oder individuelle Gefühle, die ein Kind vor Gott bringen möchte.

Schön ist es, wenn das Gebet ein kleines Ritual wird. Etwa abends vor dem Schlafengehen noch einmal den Tag in Gottes Hand zu legen. Oder vor dem Essen zu danken für das, was wir haben. Rituale sind wie Geländer, die uns durchs Leben (beg)leiten können. Einmal eingeübt, können sie Halt geben, Orientierung in unübersichtlicher Zeit bieten. Heute stehen Individualität, Selbstverwirklichung und Flexibilität oft an erster

Stelle – das ist auch gut. Aber gerade dann brauchen unsere Kinder Verlässlichkeit und Sicherheit.

Wir möchten Eltern ermutigen, mit ihren Kindern zu beten. Denn es gibt so viele Gelegenheiten, mit Gott zu sprechen. Wir können um etwas bitten, aber auch unsere Sorgen oder Freude teilen. Und wenn uns Mitgefühl mit anderen umtreibt, dann können wir für sie beten, sie Gottes Fürsorge anvertrauen.

Wir sind überzeugt, Beten verändert Menschen und Beziehungen. Wer miteinander betet, erlebt Nähe und Geborgenheit. Wer füreinander betet, ist miteinander verbunden. Das Beten kennenzulernen, kann den Horizont erweitern, zur Selbstreflexion anregen und den Blick auf das Leben anderer lenken.

Wichtig ist uns, dass es keine Pflicht zum Beten gibt, es nie mit Zwang einhergehen sollte. Es gibt keine richtige Zeit und keinen falschen Ort. Aber eines steht fest: Es tut gut, eine regelmäßige Form zu finden. Probieren Sie es aus!

Unsere Erfahrung ist, dass Kinder gern beten, da geht es nicht um Verpflichtung, sondern um ein Bedürfnis. Ich möchte etwas teilen. Wie gut tut es zu wissen, dass ich mich jederzeit an Gott wenden kann, vor allem wenn es gerade sonst niemanden gibt, mit dem ich sprechen kann. Wir haben gute Erfahrungen mit dem Beten und möchten sie gern weitergeben. Aus diesem Gedanken ist dieses Buch entstanden.

Margot und Lea Käßmann

# Morgengebete

## Lieber Gott,

schick die Wolken heute fort,
lass die Sonne hell erstrahlen,
zeig mir die ganze schöne Welt,
in all ihren Formen und Farben.

Amen.

Gott,
du lässt die Regentropfen tanzen,
den Wind wehen
und die Blätter fliegen.
Neues möchte ich heut erleben.
Behüte mich auf meinen Wegen.

Ich möchte Blumenwiesen sehen,
im Wald spazieren gehen,
ins Wasser springen
und mit den Vögeln um die Wette singen.
Danke für diesen neuen Tag!

Ich freue mich auf diesen Tag,
ihn zu füllen, mit allem, was ich mag.

Ich will Abenteuer erleben
und mich mit Fröhlichkeit umgeben.

Ich will Zeit mit meinen Freundinnen verbringen
und sie zum Lachen bringen.

Vielleicht lachst ja auch du.
Und schaust uns vom Himmel aus zu.

# Abendgebete

Lieber Gott,
heute war so ein schöner Tag!
Ich danke dir für das tolle Wetter,
für den Spaß mit meinen Freunden,
für den Ausflug mit Papa.
Danke für alles, was ich heute erleben durfte.

Amen.

Der Tag war richtig schön,
so viel hab ich gesehen.

Jetzt schließe ich die Augen zu
und weiß, du hörst mir zu.

Danke, lieber Gott.

Manches hätte ich heute
lieber anders gemacht.
Ich bin traurig und geschafft.

Ich möchte noch so vieles sagen.
Doch jetzt wird erst einmal geschlafen.

Morgen ist ein neuer Tag.
Sei bitte bei mir – mit Rat und Tat.

Amen.

Der Tag geht zu Ende,
eigentlich war alles ziemlich gut.

Ich bin froh, meine Geschwister zu haben,
auch wenn wir uns manchmal streiten.

Aber so habe ich immer jemanden
zum Spielen und zum Reden.
Ich mag mein Zuhause.

Gute Nacht, lieber Gott.

Ich hoffe, Omi geht es gut.
Sie ist doch bei dir, lieber Gott?

Das haben jedenfalls Mama und Papa gesagt.
Was macht sie bei dir im Himmel?

Kann sie sehen, was ich den ganzen Tag so mache?
Bitte pass auf sie auf.

Bei dir ist sie gut aufgehoben.

Amen.

Das Licht geht aus, der Tag ist vorbei.
Ich denke an dich und fühle mich frei.

Trage mich in das Land der Träume.
Und weck mich morgen früh,
damit ich nichts Wichtiges versäume.

Amen.

# Bitten

Lieber Gott,
bitte pass auf alle auf, die ich lieb habe,
auf alle, die dich brauchen,
auf Menschen und Tiere.

Bitte mach, dass es ihnen gut geht
und sie gesund bleiben.

Ich danke dir für alles, lieber Gott.

Amen.

Lieber Gott,
ich habe so viel vor.
Und ich weiß nicht,
ob ich das allein schaffe.
Bitte hilf mir.
Danke.

Amen.

# Dankgebete

Ich freue mich über Freiheit und viel Zeit.
Ich spüre Geborgenheit.

Ich kann spielen, singen und lachen.
Ich will dir für alles danken.

Lieber Gott, es ist schön, dass es dich gibt.

Amen.

Lieber Gott,
danke für diesen Tag.
Ich habe neue Freundinnen gefunden
und war mit Mama schwimmen.
Es war einfach schön.

Ich habe dich lieb.
Amen.

# Wenn es Streit gab …

Lieber Gott,
heute war kein guter Tag.
Meine Freunde waren gemein zu mir,
wir haben uns viel gestritten.

Hilf mir, dass wir uns vertragen
und wieder Spaß miteinander haben.

Amen.

Gott,
heute hatten wir richtig schlimmen Streit.
Mama wollte, dass ich mein Zimmer aufräume,
aber ich hatte keine Lust.
Da wurde sie ganz böse.
Und ich bin auch böse geworden
und habe schlimme Sachen gesagt.
Jetzt könnte ich weinen, es tut mir so leid.

Bitte mach, dass alles wieder gut wird,
ich habe Mama doch lieb.

Amen.

# Ängste und Sorgen

Gott im Himmel,
ich habe Angst.
In der Schule bin ich nicht so gut, und
manchmal lachen die anderen über mich.
Eigentlich möchte ich gar nicht mehr hingehen.
Kannst du nicht etwas tun, damit sie nett zu mir sind?
Bitte lass uns doch alle lieb zueinander sein!

Amen.

Hallo Jesus,
ich finde so gut, dass du auch mal ein Kind warst.
So vieles verstehe ich nicht, und das macht mir Angst.
Aber du kennst das bestimmt, oder?

Ich finde gut, dass du die Kinder lieb hast.
Nicht alle Menschen sind nett zu Kindern,
und das finde ich ganz schlimm.
Du könntest mein Freund sein, oder?

Gott, du bist doch allmächtig, oder?
Kannst du nicht machen,
dass Papa wieder gesund wird?
Ich habe solche Angst um ihn.
Hilf Papa bitte.

Amen.

Hallo Gott,
in der Schule haben sie gesagt,
du bist wie eine tröstende Mutter.
Dann tröste mich doch bitte!

Mama und Papa wollen sich scheiden lassen.
Das ist so schlimm.
Ich weiß gar nicht, wie das gehen soll,
ich habe doch beide lieb.
Und jetzt streiten sie dauernd.
Außer dir ist gar keiner mehr da, der mich trösten kann.
Pass auf mich auf, ja?

Lieber Gott,
gib mir Licht und Wärme in der Dunkelheit.
Lass mich vertrauen.
In mich.
In meine eigene Stärke.
In dich.
Gib mir Geborgenheit.

Amen.

Lieber Gott,
du bist allen Menschen nahe.
Umarme auch mich.
Gib mir Kraft und Zuversicht.
Ich brauche dich.

Lieber Gott,
morgen komme ich in eine neue Klasse.
Ich kenne niemanden
und habe Angst, dass ich keine Freundinnen finde.
Bitte steh mir bei,
und lass es morgen einen guten Tag werden.

Amen.

Bald komme ich in den Kindergarten.
Was erwartet mich da?
Gib mir Mut, wenn Mama und Papa mir fehlen!
Was ist, wenn ich die Erzieherinnen nicht mag?
Gott, es wäre schön, wenn du mitkommst.
Du bist doch unsichtbar.

Amen.

Wir sind in eine andere Stadt gezogen.
Ich vermisse mein Zuhause.
Alles fühlt sich fremd an.
Ich bin froh, dass du bei mir bist.
Dann bin ich nicht allein.

Amen.

Lieber Gott,
ich weiß nicht weiter.
Alles fühlt sich schwer an.
Gib mir Kraft,
damit ich wieder leichter
durch den Tag gehen kann.

Amen.

# Zweifel

Lieber Gott,
bist du da?
Ich hab dich um Hilfe gebeten,
aber es hat nicht geholfen.

Vielleicht hörst du mich gar nicht?
Gibt es zu viele Kinder, die dich brauchen?

Kannst du denn überhaupt bei allen gleichzeitig sein?
Bitte gib mir ein Zeichen.

Amen.

Lieber Gott,
ich kann dich nicht sehen.
Bist du da, hörst du meine Stimme?

Manchmal denke ich,
du hast gerade zu viel zu tun,
um auf mich zu achten.

Bitte gib mir ein Zeichen.

Amen.

# Krankheit

Mir geht es schlecht.
Mein Bauch tut mir weh,
und ich will nichts essen.
Mama sagt, es wird bald wieder gut,
aber es fühlt sich nicht so an.
Ich kann nur im Bett liegen und nichts machen.

Meine Freunde fehlen mir,
sie haben jetzt bestimmt Spaß,
und ich muss hierbleiben.
Tröste mich, lieber Gott,
damit ich mich bald wieder besser fühle.

Amen.

Lieber Gott,
meine Schwester ist sehr krank.
Ich weiß nicht, wie ich ihr helfen kann.
Das finde ich schlimm.
Meine Eltern kümmern sich ganz viel um sie,
aber es geht ihr einfach nicht besser.
Sonst spielen wir immer viel zusammen.
Jetzt darf sie das nicht oder hat keine Lust,
weil sie immer so müde ist.
Lieber Gott, schick ihr doch Kraft,
damit sie wieder gesund wird.

Amen.

# Trauer

Wir hatten heute so viel vor.
Aber irgendwie ist alles schiefgegangen.
Nichts hat geklappt, und es gab jede Menge Ärger.

Jetzt bin ich total traurig.
Bitte tröste mich und die anderen.

Amen.

Mein Opa ist gestorben.
Das ist ganz schlimm, alle weinen.
Die Beerdigung war aber schön,
da waren so viele Blumen.
Das wird Opa bestimmt freuen.
Und ist Opa denn jetzt bei dir?
Kann er mich sehen?
Hört er mich, wenn ich mit ihm rede?

Ich denke, er passt auf mich auf von da oben.
Sag ihm doch mal einen Gruß von mir.

# Aufregung

Morgen habe ich Geburtstag.
Ich freu mich so darauf.
Bitte, bitte lass das Wetter gut sein.
Und wenn nicht, dann lass trotzdem
alle fröhlich sein.

Das wird so aufregend.
Morgens wecken mich Mama und Papa
mit Kuchen und Kerzen,
dann gratulieren mir die Kinder in der Kita,
und nachmittags kommen meine Freundinnen
und Freunde zum Spielen.

Bitte lass den Tag ganz lange dauern,
und mach bitte, dass ich jetzt schlafen kann.
Ich bin so aufgeregt!

Lieber Gott,
morgen gehen wir auf eine große Reise.
Das ist so spannend!

Ich freue mich so sehr auf die Ferien und
dass Mama und Papa jetzt viel Zeit für mich haben.

Bitte beschütze uns auf dem Weg in den Urlaub,
damit nichts passiert und
wir wieder gut nach Hause kommen.

Danke, dass du bei uns bist, lieber Gott.

Amen.

# Gebet um Frieden

In der Welt gibt es so viel Schlimmes.
Warum können sich die Menschen nicht vertragen?
Mach doch bitte, dass es Frieden gibt, lieber Gott.

Amen.

Du bist wie die Liebe.
Verteile sie unter den Menschen, lieber Gott,
wie Sonnenstrahlen, die die Erde berühren.
Sie sollen die Schatten vertreiben
und zu mehr Frieden führen.

Amen.

Du hast die ganze Welt geschaffen:
die Tiere, die Pflanzen, das Meer,
die Berge, die Menschen.
Ich freue mich darauf, alles zu entdecken.
Beschütze all das Schöne.
Ich werde auch darauf achten.

Amen.

# Tischgebete

Wir danken dir, Gott, für das Essen.
Wir danken dafür, dass wir zusammen sind.

Wir denken an Menschen, die Hunger haben.
Wir denken an die, die alleine sind.

Amen.

*

Danke für alles, was du uns gibst.
Danke für das leckere Essen.
Danke, dass wir genug für alle am Tisch haben.
Segne unser Miteinander.

Amen.

Ihr lieben Kinder, schaut mal her!
Spaghetti, Pizza und noch mehr.
Da macht das Essen richtig Spaß.
Wir danken dir, Gott, für all das.

Guten Appetit.

# Traditionelle Gebete

## Vor dem Essen

Komm, Herr Jesus,
sei unser Gast, und segne,
was du uns bescheret hast.

Amen.

Jedes Tierlein hat sein Essen,
jedes Blümlein trinkt von dir.
Hast auch unser nicht vergessen.
Lieber Gott, hab Dank dafür.

O Gott, von dem wir alles haben:
Wir danken dir für deine Gaben.
Du sorgst für uns, weil du uns liebst.
Herr segne das, was du uns gibst.

Herr, lass uns bei diesem Essen
deine Güte nicht vergessen.
Teile deine Liebe aus,
gib Frieden uns in Herz und Haus.

Alle guten Gaben,
alles was wir haben
kommt, o Gott, von dir.
Wir danken dir dafür.

Amen.

# Schutz

Wo ich gehe, wo ich stehe,
ist der liebe Gott bei mir.
Wenn ich ihn auch niemals sehe,
weiß ich dennoch, Gott ist hier.
Amen.

# Abendgebet

Müde bin ich,
geh zur Ruh,
schließe beide Augen zu.

Vater, lass die Augen dein
über meinem Bette sein.

Alle, die mir sind verwandt,
Gott lass ruhn in deiner Hand.

MIX
Papier aus verantwortungsvollen Quellen
FSC® C043106

Originalausgabe September 2019

Ein Imprint der Verlagsgruppe Droemer Knaur GmbH & Co. KG, München

Lektorat: Stefan Wiesner
Covergestaltung: Maike Michel
Cover- und Innenillustrationen: Melanie Brockamp
Dekoelemente: Shutterstock.com Lightkite; memej
Druck und Bindung: Grafisches Centrum Cuno GmbH & Co. KG, Calbe
Printed in Germany
ISBN 978-3-96340-090-2

2 4 5 3 1